BUITRES

AVES

Lynn M. Stone
Versión en español de Elsa Sands

The Rourke Corporation, Inc.
Vero Beach, Florida 32964

CREDITOS FOTOGRAFICOS

Todas las fotos por el autor

AGRADECIMIENTO

El autor desea agradecer a las siguientes personas por su
dsistencia fotográfica en la preparación de este libro.
Busch Gardens/The Dark Continent, Tampa, Fla.; Chicago
Zoological Society (Brookfield Zoo); San Diego Wild Animal
Park; Florida's Weeki Wachee; Mike Wells; Joan Daniels; Linda
Elbert; Joel Edelstein; Greg Sorini; Bonnie Georgiades;
Judee Roney

Library of Congress Cataloging-in-Publication Data

Stone, Lynn M.
    (Vultures. Spanish)
    Buitres / by Lynn M. Stone; versión en español de Elsa Sands.
        p.   cm. — (Biblioteca de descubrimiento de aves)
    Traducción de: Vultures.
    Incluye índice.
    Sumario: Describe la apariencia, el hábitat, la anidación y la
importancia de esta ave de rapiña para los humanos.
    ISBN 0-86593-193-3
    1. Buitres—literatura juvenil.
(1. Buitres.   2. Materiales en español.)
I. Título. II. De la serie de: Stone, Lynn M. Biblioteca de
descubrimiento de aves.
QL696.F3S7718   1992
598.9' 12—dc20   92-9159
                                           CIP
                                           AC   2

TABLA DE CONTENIDO

LOS BUITRES

Los buitres son aves grandes usualmente con la cabeza calva y con picos filosos en forma de gancho. Son de la familia de los halcones y las águilas. Los buitres, los halcones y las águilas son **aves de rapiña** que cazan durante el día.

La mayoría de las aves de rapiña usan sus **garras** largas y filosas para matar a otros animales para comida. Los animales que cazan son su **presa.**

Los buitres tienen garras pero no son tan poderosas. Además, los buitres no vuelan muy rápido, así que rara vez tratan de matar animales. En vez de eso, los buitres se comen los animales muertos.

Buitre negro
(Coragyps atratus) comiendo pescado

DONDE VIVEN

Hay más de 20 **especies** o clases separadas de buitres. Viven en todos los continentes con la excepción de Australia y Antártica. Los dos buitres más grandes se llaman cóndores.

Los buitres prefieren lugares secos y abiertos donde les es fácil ver animales muertos.

Siete especies de buitres viven en Norte América y Sur América. De éstas, tres especies se pueden encontrar en los Estados Unidos. El buitre negro *(Coragyps atratus)* vive en el Sur y en el Suroeste. El buitre pavo *(Cathartes aura)* vive por todos los Estados Unidos y al Sur de Canadá. *(Muchos americanos le dicen "busardos" a los buitres.)*

Hasta hace poco una tercer especie vivía en California. Esta era el cóndor de California *(Gymnogyps californianus).* Ahora este cóndor de California sólo se encuentra en los zoológicos.

Buitres negros y de pavo
(Cathartes aura) remontando en e

COMO SON

Los buitres generalmente son negros, cafés o cafés y blancos. La cabeza de un buitre puede ser anaranjada, rosada, blanca, negra o roja. ¡La cabeza del buitre rey Sur Americano *(Sarcoramphus papa)* parece un arco iris!

Cuando está descansando, el buitre se parece mucho a un halcón o un águila con la excepción de sus hombros jorobados y su cabeza calva. En vuelo, las alas del buitre son largas y anchas. Son ideales para **remontar** alto en el cielo. Las alas de un cóndor pueden extenderse hasta 10 pies.

El buitre con barba *(Gypaetus barbatus)* de Europa y Asia es el más guapo de todos. El buitre con barba tiene plumas en la cabeza. Este buitre a veces come huesos. No necesita la cabeza calva porque no es tan probable que meta su cabeza en carne **podrida** como lo hacen los demás buitres.

Buitre con barba
(Gypaetus Barbatus)
de Europa, Asia y Africa

9

LA CABEZA CALVA DEL BUITRE

Para la mayoría de los buitres, tener plumas sería una molestia. Un buitre a menudo mete su cabeza en la carne de los animales muertos y su cabeza se mancha con sangre. La piel se limpia más fácil que plumas sangrientas, y es por esto que los buitres tienen la cabeza calva.

La cabeza calva también ayuda al buitre a evitar enfermedad que puede contraer de los animales podridos. La luz del sol mata a muchos de los microbios que quedan en la cabeza calva del buitre.

Para un buitre, la cabeza calva es como llevar tarjeta de identificación. El buitre con la cabeza roja en los Estados Unidos tiene que ser un buitre pavo. Un buitre con la cabeza negra es un buitre negro.

Buitre pavo

Buitre egipcio
(Neophron percnopterus)
Joven adulto; de Europa,
Africa y Asia

Buitre con caperuza
(*Necrosyrtes monachus*)
de Africa

UN DIA EN LA VIDA DEL BUITRE

A los buitres les gusta extender sus alas y solearse temprano en la mañana. Luego, vuelan hacia arriba y empiezan a cazar.

Los buitres pasan una gran parte del día "en el trabajo." El trabajo del buitre en la naturaleza es ayudar con la limpieza. El buitre es un **animal que se alimenta de carroña,** o sea de animales muertos.

Los buitres muchas veces cazan en bandadas. En su busca para animales muertos, ellos vuelan a grandes alturas y viajan largas distancias.

La carne de los animales muertos se llama **carroña.** Los buitres generalmente encuentran carroña usando sus ojos excelentes. El buitre pavo, sin embargo, puede usar su buen sentido de olfato.

Buitre pavo

EL NIDO DEL BUITRE

La mayoría de los buitres construyen sus nidos de palos en los árboles. Hasta 12 buitres africanos con la espalda blanca *(Pseudogyps africanus)* pueden anidar en un solo árbol.

Ninguna de las siete especies de buitres americanos actualmente construyen un nido. Los cinco buitres más pequeños de Norte América y Sur América ponen sus huevos en la tierra. Los cóndores ponen sus huevos en los acantilados rocosos.

La mayoría de las especies de buitres ponen dos huevos. Los cóndores andinos *(Vultur gryphus)* y californianos ponen sólo un huevo, y no anidan cada año. Esta es parte de la razón por la cual los cóndores están **en peligro** de desaparecer para siempre.

Buitre africano de espaldas blancas
(Pseudogyps africanus)

BUITRES BEBES

Los buitres bebés se quedan en el nido cuando empollan. Sus padres tosen para que suba comida blanda para ellos.

Algunas especies de buitres crecen más rápido que otras. Un buitre pavo puede volar de su nido como nueve semanas después de haber empollado. Sin embargo, ¡los cóndores jóvenes dependen de sus padres por casi un año! Para entonces, el joven cóndor es del mismo tamaño que sus padres. Un cóndor no llega a tener los colores de sus padres hasta que tiene cinco ó seis años.

Cóndor andino *(Vultur gryphus)*
Joven adulto de Sur América

PRESA

La mayoría de los buitres se mantienen con carroña. En Africa, el buitre con cara de barba *(Torgos tracheliotus)* puede abrir hasta el cuero de un elefante muerto.

El buitre egipcio *(Neophron percnopterus)* tiene un pico largo y fino para sacar carne de entre los huesos. Este buitre también come huevos. Usa su pico para recoger y tirarle piedras a un huevo hasta que la cáscara se quiebra.

El buitre con barba no tira nada. En vez de eso, a menudo carga huesos por el aire y los deja caer. Cuando los huesos se parten, el buitre con barba se come la materia blanda que tiene adentro.

Buitre negro con un
zarigüeya muerta

LOS BUITRES Y LOS SERES HUMANOS

A menudo la gente le tiene miedo a los buitres. Cuando los ven piensan en la muerte.

Los buitres no son peligrosos para los seres humanos. En realidad son de mucho valor. Al comerse los animales muertos, los buitres ayudan a la naturaleza a deshacerse de su basura y enfermedad. No es sorprendente que los buitres están protegidos por ley en los Estados Unidos.

Aún las leyes no han podido ayudar a los cóndores de California que están en peligro. Los científicos esperan criar suficientes cóndores en el zoológico para que algún día estos cóndores puedan volver a la libertad en el mundo salvaje.

GLOSARIO

Animal que se alimenta de carroña—un animal que come animales muertos

Aves de rapiña—pájaros que comen a otros animales y que tienen pico, en forma de gancho, y garras

Carroña—la carne de animales muertos

Especie—un grupo o clase de animales

En peligro—un animal que está en peligro de desaparecer totalmente

Garras—uñas largas en forma de gancho en las patas de las aves de rapiña

Putrefacción—el proceso por el cual se descompone la carne

Presa—un animal que es cazado por otro para comida

Remontar—volar alto moviendo poco las alas

INDICE